Le livre " Avec la plume du Ciel "de Danielle Priscille
Caserta est un recueil de poésies d'inspiration
religieuses et spirituelle.

Les textes exaltant des valeurs telles que la foi , l'amour ,
l'espérance , et la charité, rendant souvent hommage à
des figures chrétiennes comme Jésus Christ , la Vierge
Marie, Saint Joseph et les saints
(Saint Antoine , Saint Paul , Sainte Philomene entre
autres) et Notre Dame de Fatima.

Ces poèmes reflètent des thèmes tel que l'amour Divin ,
le pouvoir de la prière , la signification des sacrements
et la quête de consolation spirituelle.

Avec un langage lyrique et dévotionel , l'auteur invite les
lecteurs à plonger dans la spitualité
Et l'engagement envers Dieu , tout en promouvant une
vie de foi et d'amour pour autrui.

A Notre Dame des roses

La Rose épanouie aux multiples couleurs est venue
parmi nous dans son jardin fleuri.

Des grâces abondantes sans cesse se répandent,
à chacun d'entre nous un signe nous suffit pour remplir
notre cœur d'une joie infinie.

Ils sont là recueillis souvent agenouillés, ne cessant
de prier Notre Mère chérie.

C'est dans ce lieu béni, le seul endroit sur terre
où Notre tendre Mère comme elle nous l'a promis
revient nous visiter bien vivante et bien vraie,
dès l'aube et tout le jour, bénissant ses enfants
aujourd'hui et toujours.

Ils repartent enchantés de ces belles journées,
malheureux de quitter Notre Mère chérie,
pressés de revenir dans son jardin fleuri.

Son petit Paradis

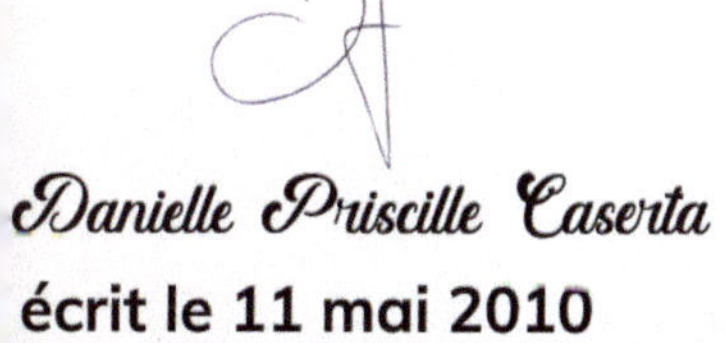

Danielle Priscille Caserta
écrit le 11 mai 2010

En l'honneur de Sainte Anne

Ô Glorieuse Sainte Anne, c'est en Toi qu'à germé l'unique fleur qui allait embaumer la terre entière.

De son éclat et par son charme, elle a conquis le cœur des Anges.

Ton désir d'être mère tu l'as confié à Notre Père, dans sa bonté il t'a exaucée en te donnant ce petit être, Toi seule digne de porter!

Dans une joie qui débordait tu ne cessais de chanter Dieu à tout instant de la journée.

Ce bonheur qui grandissait, tu ne pourrais le savourer que pour un temps.
Dans ton Amour brûlant pour Dieu, tu ne voulais t'approprier ce beau cadeau qu'il t'avait fait, Marie.

Bien entourée de ses parents, lui enseignant l'Amour de Dieu, les écritures et la beauté de la nature.

Elle s'épanouissait tout en grâce et en pureté.

C'était encore un petit enfant et tu allais t'en séparer, le cœur serré et angoissé, tu l'as offert à Notre Père.
Ô Bonne Sainte Anne, nous te disons merci de nous avoir donné Marie!

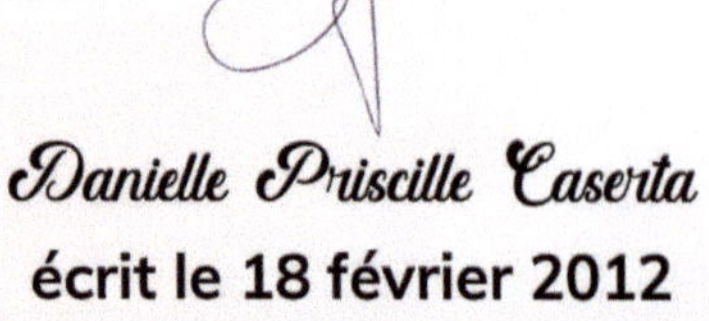

Danielle Priscille Caserta
écrit le 18 février 2012

À la rencontre de St Jacques

Depuis plusieurs siècles dans tout le monde entier,
ton Nom ne cesse de résonner.
Toi le grand Saint que Jésus aimait,
Tu as choisi l'Europe pour évangéliser.
Sans trop de succès, tu es reparti en Palestine
le Pays où tu es né.

Tu as prêché durant des années, jusqu'au jour
où l'heure arrivée, tu as subi l'atrocité.
Tu fus le premier de tous les disciples à être décapité.

Tes compagnons ont décidé en barque de te ramener
sur les traces de ton passé.
C'est ici en Galice qu'ils viennent tous te retrouver.
Ressentant cet appel ils bravent les embûches.
Et comme aimantés ils se sentent aspirés.

La foi qui les anime les rend tous invincibles
et quand leurs pas s'égarent tu leur envoies un signe.
Et comme par magie ils retrouvent leur route.

Ils marchent sans se lasser vers ce beau Sanctuaire.
Où tous rêvent d'aller, certains voudraient ne peuvent pas.
D'autres pourraient mais n'osent pas.
Pour tous ceux qui auront la joie de parvenir à cet exploit,
de grandes grâces jailliront sur ce lieu de bénédiction.
Et repartant le cœur en fête, transformés dans tout leur être,
ils clameront à l'unisson la vraie valeur de ton Saint Nom.

Saint Jacques nous t'aimons

Danielle Priscille Caserta
écrit le 23 juin 2011

En l'honneur de Sainte Marie Madeleine

Ta belle chevelure tombant sur le bas de tes reins.

Ta beauté dont le Seigneur t'avait dotée séduisait tous ceux que tu rencontrais.

Ton désir d'être courtisée, sans cesse te poursuivait.

Prisonnière de ton péché, tu ne pouvais t'en évader.

Jusqu'au jour où Jésus Christ t'a visitée et t'a complètement changée.

Lui déversant un bon parfum et l'essuyant de tes cheveux, sans dire un mot tu l'écoutais.

Cet amour pur t'a transformée, tu ne pouvais imaginer vivre sans lui à tes côtés.

Il t'a lavée de tes péchés auxquels tu étais enchaînée.

Tu le suivais jour après jour avec Marie et d'autres femmes.

A l'apogée de son parcours, tu es restée tendre et fidèle.

Près de la Croix, avec Marie sa tendre mère et le disciple qu'il aimait, impuissante à ses souffrances, tu priais pour le consoler.

Trois jours après qu'il t'eût quittée dans le tombeau tu le cherchais !

Le Seigneur s'est présenté, en quelques mots t'a rassurée, folle de joie, remplie d'amour, tu as couru pour l'annoncer.

Heureux à tous ceux qui ont cru et qui croiront à la Gloire de la Résurrection.

Oh ! Marie Madeleine de Magdala !!!

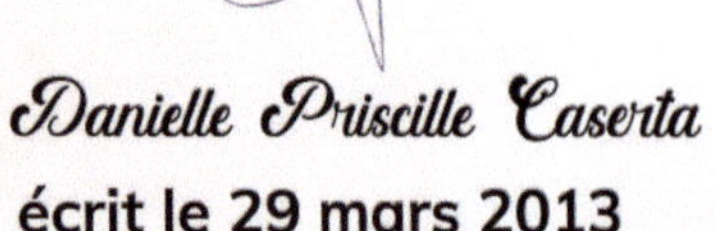

Danielle Priscille Caserta

écrit le 29 mars 2013

A Notre Mère Immaculée...

C'est à Lourdes, Ville des Pyrénées jusque-là ignorée que tu t'es manifestée.

Auprès de Bernadette, cet enfant dévoué, rempli de simplicité, d'une grande pureté.

C'est au creux du rocher à la grotte de Massabielle que tu lui as dévoilé ton identité sous le nom très doux de l' Immaculée Conception.

D'une beauté sublime qu'on ne peut retracer, tu lui as demandé d'être ta messagère; tu t'es offerte à nous pour guérir nos blessures du corps et de l'esprit, en allant à la source pour boire et nous laver; c'est ainsi purifiés que nous pourrons prier.

Sous ce rocher immense tu es là, présente, tu donnes en abondance des grâces incessantes en implorant ton Fils sensible à tes demandes, il nous comble sans cesse de ses grandes richesses.

En ce lieu béni où tout ce monde accourt, nous venons te louer, te bénir et t'aimer et cet élan d'amour durera pour toujours.

Nous t'aimons.

Danielle Priscille Caserta
écrit le 16 juillet 2008

Ouvre ton cœur

Le Seigneur attend à la porte de ton cœur,
cette porte verrouillée, toujours fermée.
Ses appels tu ne les entends pas,
ses signes tu ne les vois pas.

Il frappe, tu lui réponds « Vas- t'en je ne te connais pas,
je n'ai pas besoin de toi, je suis très bien comme ça ».

Tu préfères aller te griser dans des endroits mal fréquentés,
plutôt que prier Notre Seigneur Adoré.
Il aimerait pourtant que tu puisses lui consacrer
un peu de ton temps.
Il n'est pas exigeant, venir l'adorer devant
le Saint Sacrement, le comblerait énormément.

Le Seigneur est patient, il sait qu'un jour viendra
où tu l'appelleras et il te répondra.

Tu comprendras alors que le plus grand trésor
était là dans ton cœur.

Tu ne le savais pas.

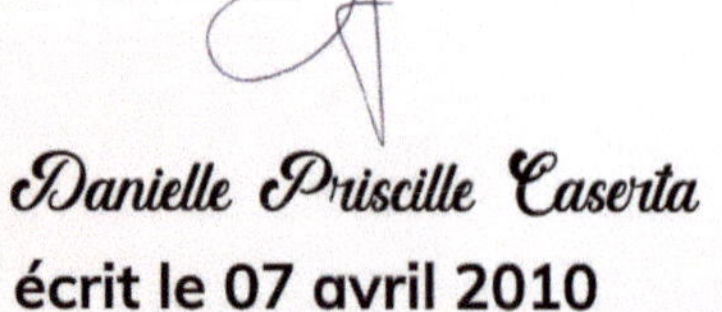

Danielle Priscille Caserta
écrit le 07 avril 2010

En L'honneur de Saint Joseph

Ô bon Saint Joseph, Toi qui fus pour Jésus un protecteur
admirable.

Plein de bonté et de tendresse, veillant sur Jésus et Marie
sa tendre mère.

Tu n'as cessé de les chérir, leur consacrant ta vie
Entière.

Courageux, travailleur infatigable, gardant le silence.

Te soumettant à la Divine Providence,
sans jamais perdre confiance.

Homme juste, tu es pour tous un bel exemple
d'Amour, de charité et de piété.

Conduis-nous dans cette voie, qu'à travers toi
Nous puissions découvrir

**L'immense
Amour de Jésus et de Marie**

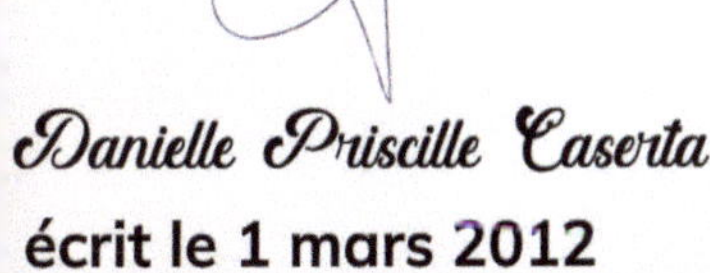

écrit le 1 mars 2012

A Marie Messagère
de L'AMOUR

Notre Reine du ciel vient prier parmi nous.

De la bouche de Marie-Pierre, sa voix douce et

Mélodieuse, ainsi parvient à nos oreilles.

Quel bonheur que Dieu nous donne de nous

Envoyer sa Mère.

De son Amour Elle nous couvre, dans sa

sagesse elle nous parle, c'est un délice pour

nos âmes.

Près de son fils Elle nous mène Son ROI, Son Dieu

Qu'Elle Vénère.

Dans son élan de tendre Mère, auprès de Lui

Elle intercède.

Il vient guérir nos cœurs, nos âmes et nous

transforme à son image pour devenir des fils

et filles de lumière.

De part le monde, Elle parcourt nous révélant

tout son Amour, et nous donnant ce doux message

de paix, de joie et d'abandon pour devenir

à notre tour.

Des messagers de son Amour

Danielle Priscille Caserta
écrit le 31 mai 2010

En L'honneur de L'Esprit Saint

Esprit Saint, Lumière de toutes les nations
c'est vers Toi que nous nous tournons.

Eveille en nous la réflexion de Paix
de joie et d'abandon.

Montre nous ce qui est bon et plait à Dieu
pour sa moisson.

Par ta puissance, purifie nous, habite en nous
transforme nous.

Donne à chacun une mission pour répandre
à leur tour le beau flambeau de ton message.

Fais-nous grandir, embrase-nous dans ton sillage
pour devenir des enfants sages et faire descendre
parmi nous le feu brûlant.

De ton Amour

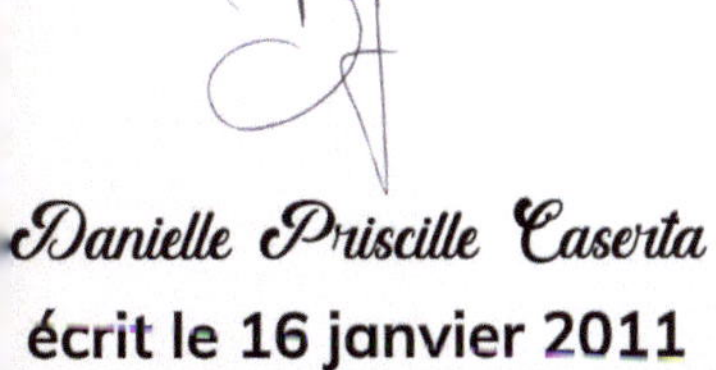

Danielle Priscille Caserta
écrit le 16 janvier 2011

Un enfant nous est né...

Voici très longtemps, dans un pays lointain, un enfant nous est né.
Loin des crépitements et joujoux scintillants, dans une pauvre étable
à l'abri d'une grotte ayant pour seul chauffage le souffle d'animaux.

Vêtu de simples langes, sans autre couverture qu'un petit peu de paille.

Il est là Nôtre Roi, ce fragile bébé, rayonnant de lumière.

Les Anges à son chevet sont venus l'adorer, annonçant par leur chant
la venue du Messie.

Visiteurs se succèdent déposant des cadeaux à Notre Roi si beau.

Tous les ans à Noël, il voudrait réunir un grand nombre d'amis,
partager avec eux ce bel évènement, rassemblés tous en cœur
en priant et chantant l'amour du Christ vivant.

La foule n'est pas dense pour répondre à l'appel de Notre Divin Roi.

Certains vont préférer plutôt que l'honorer, danser et festoyer, sans se
préoccuper de L'enfant concerné.

En espérant qu'un jour nous tous qui l'adorons, puissions changer
ces cœurs en un élan d'Amour.

Danielle Priscille Caserta
écrit le 07 novembre 2010

L'Amitié en chemin...

Nous sommes tous enclins à prendre un chemin.

La Vierge Mère nous l'a montré en allant visiter sa chère

cousine Elysabeth.

Cet élan d'amitié nous aide à traverser les périls de la vie

parfois très difficiles.

En prenant le chemin, Saint Jacques, pas à pas nous envoie

vers nos frères qui attendent un sourire, un mot de réconfort.

La vie serait plus belle dans cette gratuité ayant pour seule matière

L'amour envers les autres.

Le Seigneur nous appelle, accourons tous vers lui, marchons avec

confiance, il sera toujours là pour nous montrer la voie.

Quand survient la fatigue, l'envie de tout quitter, il suffit de prier

et les forces nous reviennent.

Le chemin de la vie c'est l'étoile qui luit, nous éclaire sans fin.

L'Amitié qui unissait la Vierge Mère et Saint Jacques nous offre à tous

ce témoignage.

Partons vainqueurs sur ce sentier où l'Amour seul peut triompher.

Sur ce chemin bordé de fleurs, nous pourrons tous d'un même cœur,

distribuer sur le passage, ce sentiment si merveilleux de l'amitié

À tous les âges.

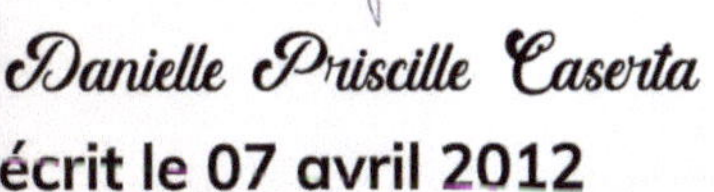

Danielle Priscille Caserta

écrit le 07 avril 2012

Appel à Mon Seigneur et mon Dieu!

Je veux être à toi, jusqu'à mon dernier souffle
le coeur en éveil j'attends ton appel.

Je suis ta servante, ta docile enfant, mon plus cher désir
est de te servir.

Si un jour la peine de ses meurtrissures crie en moi Seigneur
ne me laisse pas.

Malgré les tempêtes, le vent et le bruit, tu entends la voix de tous tes enfants.
Il suffit d'un signe, d'un geste d'amour, sitôt tu accours pour nous consoler.

Tu es tout pour moi, l'infini bonheur,
T'aimer te servir c'est mon plus grand souhait.

Avec tes servantes, une lampe allumée, j'attends la venue de sa majesté.

Habillés de soie ou de drap de laine, ornés de bijoux ou de simples chaines
nous sommes tous là, le coeur en haleine, impatients et pressés que tu nous reviennes.

Ta venue parmi nous, nul ne peut connaître.
Soyons attentifs à nos moindres gestes.

Car le jour triomphant où tu vas paraître, sans nos coeurs préparés à cette joie extrême
ne pourrons subsister devant le Roi Suprême.

Arrêtons de nous plaindre, oublions nos soucis, nos rancoeurs et nos peines,
sachant que Dieu nous aime.

Il a donné sa vie pour racheter la nôtre. Offrons lui notre amour, pour cette grande dote.

Tournons les yeux vers lui, redisons lui « je t'aime »
Sans cesse répétés ces mots si doux s'imprègnent d'un amour infini à Notre Dieu Le Père.

Danielle Priscille Caserta
écrit le 28 mars 2010

En l'honneur de Saint Paul

Dieu t'a choisi, toi si dur envers tes frères, tu les chassais,

les torturais et humiliais.

Une grande lumière t'a aveuglé et Dieu s'est révélé !

Son amour t'a touché.

Ta vie s'est transformée et par sa grâce tu es devenu

le grand apôtre que tu es.

Homme de tête bien trempé dans tes préceptes.

Tu parvenais à convertir les ferveurs les plus tièdes.

Le récit de tes épîtres nous touchent encore.

Tu continues du haut du ciel ta mission sur les êtres.

Qui suivent ton exemple de vaillant défenseur de celui que tu aimes.

Danielle Priscille Caserta

écrit le 16 juillet 2008

Fête de la Mère de Dieu

En ce premier jour de l'année, peu après la Nativité.

C'est la Mère de Dieu que l'on vient honorer.

Mère de Dieu, Mère des hommes,

Elle nous aime tel que nous sommes,

Qu'on soit brillant ou ignorant,

Malade ou bien portant.

Dans son Amour surabondant elle sourit à ses enfants.

Prier, prier c'est sa demande, son Divin Fils vous le réclame,

Pour trop d'offenses qu'il subit, sacrifions-nous,

Offrons-les lui pour adoucir son pauvre cœur meurtri par

toutes nous erreurs.

Vers sa maman qui nous conduit, nous irons tous

nous recueillir.

Ce cœur si doux et plein d'Amour,

Viens nous donner ce grand trésor pour

Rayonner dans notre vie.

Danielle Priscille Caserta

écrit le 01 janvier 2011

Jeunesse Eternelle

L'Etre Humain est une tige sacrée, fragile mais féconde.

Doté d'une fleur en naissant,
une par an se rajoutant, pour former un bouquet florissant.

Demeurant sur une terre fertile,
elles faneront et refleuriront au fil du temps.

N'en doutons pas un seul instant,
son doux parfum se répandra
pour nous seduire.

ETERNELLEMENT

Danielle Priscille Caserta
écrit le 10 décembre 2010

Cent ans d'Espérance

Ó Vierge Immaculée, éclatante de lumière

Il y a cent ans, vous nous avez confié ce doux message:

-"Priez, priez mes enfants, offrez des sacrifices,

le Père Éternel sera touché par vos offrandes."

Aujourd'hui encore, en ces temps difficiles, vous attendez de nous,

que notre foi soit encore plus profonde.

Vos enfants viennent vous visiter en priant le rosaire,

assurés que vous entendez leurs demandes.

Au coeur de Fatima, vous êtes fidèlement présente.

Nous avons le désir de vous honorer et de répondre

à l'invitation d'Amour de votre Divin fils qui peut

tout transformer nos vies et nos coeurs.

De cette union insondable qui vous unit à Lui,

je vous prie Très Sainte Vierge Marie

d'intercéder pour nous, afin de nous donner la grâce

d'aimer et de partager avec nos frères du monde entier.

Danielle Priscille Caserta
écrit le 9 mars 2017

Pour Toi ma douce Vierge Marie

Je voudrais que mes lèvres soient du miel,

pour t'offrir des baisers de douceur.

Je voudrais que mes pensées soient pures pour ne plus t'offenser.

Je voudrais que mon coeur resplendisse d'un amour qu'on ne peut mesurer.

Je t'aime!

Danielle Priscille Caserta
écrit le 17 juillet 2008

Dans le Saint Sacrement Jésus est présent

Je voudrais être un voile transparent,

afin de me blottir dans tes bras tout puissants.

Je voudrais être une plume légère afin de te couvrir d'innombrables carresses.

Je voudrais être une brise céleste et semer un parfum que toi seul peut connaître.

Je t'aime!

Danielle Priscille Caserta

écrit le 01 juin 2008

A Notre Dame de Fatima

Le mois de mai t'est consacré à Toi, ma douce Vierge Marie.

Les fleurs s'empressent de le saluer et le lys couronne ta beauté.

Ce mois là, Tu l'as choisi pour apparaître aux tout-petits.

Les invitant à réciter le rosaire, ta prière préférée.

C'est Fatima ce lieu béni, que Tu es venue visiter.

Tes jolis pieds se sont posés sur un tout petit bosquet.

Imprégnant à tout jamais ta présence sur cette Terre Sacrée.

Des milliers de pèlerins parcourent sans cesse ce chemin.

Des appels et des conversions au fil des jours se produiront.

De partout, les gens viendront sur ce Lieu des apparitions.

Et ne se lasseront jamais de venir te contempler.

Toi Ma Douce Vierge Marie.

Danielle Priscille Caserta

écrit le 13 octobre 2007

La Flamme D'Amour

La Flamme d'Amour qui jaillit du cœur de Jésus et de Marie resplendit d'une beauté que

l'on ne peut soupçonner.

Ces deux cœurs assemblés et scellés à tout jamais sont le

reflet d'un grand Amour que Jésus veut donner.

On ne peut les dissocier, prier Jésus et Marie pour bien les consoler.

Ces cœurs si doux et palpitants nous font revivre à chaque

instant l'Amour du Christ toujours présent.

Prier, aimer et tout donner à ces deux cœurs si assoiffés

des êtres proches et éloignés de cette source inaltérable.

Où nous pourrons nous abreuver et sans cesse

puiser dans cet Amour

qui nous enflamme.

Danielle Priscille Caserta

écrit le 08 février 2011

L'hommage à Dieu

Un corps est une image que Dieu nous a créé,

un symbole de vie, de foi et d'unité.

À nous dorénavant de bien le surveiller,

afin de le garder toujours purifié.

Si dans les tentations très vite nous sombrons,

c'est en pensant à Dieu que nous réagirons.

Que cette poésie vous mène vers la gloire,

vous donne plus tard une âme incomparable,

Car Dieu est notre Père et nous devons y croire.

Danielle Priscille Caserta
mon tout premier pòeme
écrit dans les années 70

En L'honneur de Saint Joachim,

Toi, Saint Joachim tu as dans le coeur de Sainte Anne ton épouse et de la très Sainte Vierge Marie une très grande place.

Voyant que vous ne pouviez avoir un enfant,
tu es parti, confiant Saint Anne, ton épouse, sous la protection de Dieu le Pére.

Durant quarante jours, seul dans le désert, jeûnant, priante suppliant Dieu de t'exaucer.
Il ne put rester insensible devant un cœur pur et sincère.

Poussée par l'Esprit Saint, Sainte Anne s'est rendue à Jérusalem.

À la porte dorée vous vous êtes retrouvés.
Dans une étreinte qui dépasse tout entendement, la très Sainte Vierge fût conçue.

Oh Marie conçue sans péché priez pour nous qui avons recours à vous.

Danielle Priscille Caserta
écrit le 27 juillet 2019

Le Baptême

Aujourd'hui tu reçois le Baptême.

Ce très beau Sacrement.

Ta vie va changer,

Désormais, tu ne seras plus jamais seul,

Mais accompagné de Jésus et de Marie, sa tendre mère,

tu vas découvrir tes parents du ciel

en duo avec les tiens.

Ils te prendront par la main,

Pour te guider sur la bonne voie.

Reste dans la confiance

Et n'oublie jamais que la Providence,

Sera toujours sur ton chemin !

Danielle Priscille Caserta
écrit le 28 mars 2013

Le Père au grand coeur

Toi, le Père des mal-aimés, pendant plus de quarante ans de ta vie,

tu t'es battu pour ces enfants abandonnés, désemparés, rejetés, maltraités

assoiffés d'amour, ne recevant en retour que des coups dans leurs corps et dans leurs âmes.

Dépourvus d'identité, c'est vers la drogue qu'ils vont se réfugier.

A la croisée des chemins, tu surviens et leur tends la main, tu les invites à te suivre

pour les conduire vers la bonne voie.

Ton travail n'est pas terminé, tu dois leur parler, les rassurer, qu'avec toi ils ne connaitront

plus le danger, mais l'amour, la compréhension, apprendre à devenir des hommes et s'aimer

à leur tour.

Oubliant leur passé qui les a trop marqué, la route sera longue mais ils ne sont pas seuls,

tu restes à leur côté, les aidant à grandir sans plus se retourner.

Ce poème a été écrit en l'honneur du père Guy Gilbert

Danielle Priscille Caserta
écrit le 29 janvier 2009

En L'honneur des petites âmes du purgatoire

Chères petites âmes du purgatoire, trop souvent oubliées,

comme un mendiant tendant la main, vous implorez nos prières

afin d'être délivrées de ce lieu de torture dans des souffrances démesurées.

Vos pleurs et gémissements ne peuvent point vos secourir.

Le seul recours que vous ayez, c'est espérer en notre générosité,

pour qu'ainsi purifiés, vous puissiez vous envoler dans ce lieu magnifique

si longtemps désiré (le Paradis).

Notre bonne Mère vient parfois vous visiter pour vous donner du courage

et vous inviter à patienter.

Il arrive aussi par la grâce de son fils que certaines d'entre vous repartent à ses côtés.

Dieu le Père que vous avez entrevu et ne pouvez oublier, vous a donné le privilège de prier pour

nous et de vous exaucer.

C'est notre devoir de vous aider car le jour où notre heure viendra,

c'est dans une joie ineffable que vous nous recevrez,

les bras grands ouverts, près de Dieu notre Père pour toute l'éternité.

Danielle Priscille Caserta
écrit le 03 février 2017

La Vie

On est né pour vivre.

On vit pour mourir en Dieu.

Les craintes, les soucis, les chagrins, je les balaie de mon chemin.

Dieu seul peut me consoler, il suffit de lui demander.

De nos prières et louanges, la récompense sera grande.

Apprenons à vivre en paix et apprécier le bonheur qu'il nous donne.

Il distribue sans compter à ceux qui lui font confiance.

Sérénité et amour seront le bouquet de nos jours.

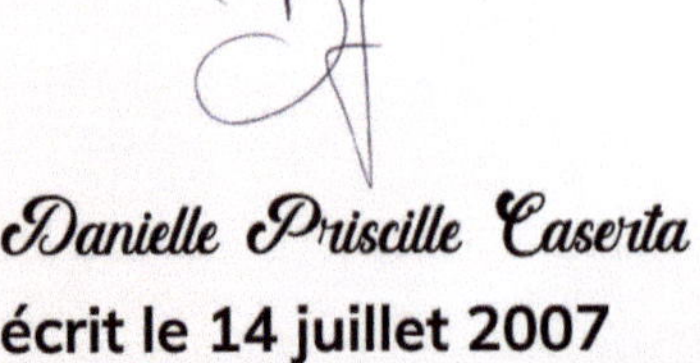

Danielle Priscille Caserta
écrit le 14 juillet 2007

Testament d'Amour

Je ne suis pas une grand-mère ordinaire
mon grand Amour c'est Le Seigneur.

Ces chers petits, Dieu je les aime!
A tout instant dans mes prières, je les
confie à Nôtre Père.

Je ne suis pas une grand-mère ordinaire,
mon grand Amour c'est Le Seigneur.

Mon patrimoine comme héritage, c'est
leur donner ce doux message,

« Dieu est Amour et il nous aime »

Comme un maillon sur une chaîne,
accrochez-le pour qu'il enchaîne,
de nombreux hommes sur notre terre.

Je ne suis pas une grand-mère ordinaire

Mon grand Amour c'est le Seigneur

Danielle Priscille Caserta
écrit le 26 février 2011

Partir

Partir vers l'inconnu, allons vers Celui qui nous aime.

N'en doutons pas un seul instant, Dieu est toujours présent.

N'hésitons pas, prenons nos ailes et laissons nous porter par elles.

Naviguons vers cette terre, allons au secours de nos frères.

Ils ont besoin de réconfort et d'amour.

Pour celui qui se donne, le coeur se remplit de joie, son âme devient

légère, rayonnant Dieu de sa lumière.

Danielle Priscille Caserta

écrit le 13 juillet 2010

L' Amour

C'est un sentiment pur, génereux et vrai.

Il n'est pas facile d'aimer sans en être doté.

Comment donner aux autres ce que nous ne possédons pas.

L'amour est un trésor qu'on peut distribuer sans attendre un retour.

Il est chaleureux, apaisant et réconfortant.

Il est précieux mais ne peut être volé.

Ouvrons notre coeur afin de le donner à ceux qui en sont privés.

L'amour est Dieu.

Danielle Priscille Caserta

écrit le 12 septembre 2007

En L'honneur de
Sainte Filomena

Le Seigneur dans sa bonté nous a fait ce merveilleux

cadeau en nous offrant Sainte Filomena.

Ses précieuses reliques étaient resteés dans l'ombre des catacombes durant plusieurs siècles.

C'est à l'aube du XIXème siècle qu'elles furent découvertes.

Sa vie sur terre fût de courte durée.

Ses parents désirant avoir un enfant se convertirent.

Ils prièrent beaucoup et Dieu le Père les a exaucés en leur donnant cette petite merveille qu'ils

appelèrent lumière.

Dotée d'une beauté sans pareille, ils l'aimaient énormément et ne voulaient jamais s'en séparer.

À son Baptême, elle reçut le nom de Filomena.

Au début du IVème siècle sous le règne de l'empereur Dioclétien, les pays étaient en guerre.

Pour des raisons politiques ses parents se rendirent à Rome pour visiter l'empereur et

emmenèrent avec eux leur fille qui allait vers la fin de sa treizième année.

Durant le déroulement de l'audience ce dernier

fasciné par sa beauté, ne cessait de la regarder.

Danielle Priscille Caserta

écrit le 17 novembre 2023

En L'honneur de Sainte Filomena

Ayant conclu un accord avec son père, il lui demanda de lui accorder la main de sa fille.

A leur retour ses parents la supplièrent de bien vouloir accepter cette demande en mariage,

pour que la paix règne au sein de son royaume.

Face à son refus ils rendirent une réponse négative, l'empereur les invita à lui ramener leur fille

persuadé de pouvoir la convaincre.

Ce fut hélas chose perdue, elle renonçait aux honneurs et à tout ce qui l'accompagnait .

Furieux, ne sachant plus que faire.

Il la fit emprisonner, enchaîner sans manger en espérant

qu'elle céderait.

Elle recevait souvent la visite de Jésus et Marie qui venaient la réconforter.

Voyant sa determination, il la fit flageller, torturer et d'autres cruels supplices.

Mais Dieu envoyait ses anges qui la guérissaient la rendant encore plus belle.

Excédé, l'Empereur décida qu'elle serait décapitée.

Rayonnante de splendeur son âme s'envola dans les bras du Seigneur.

Rayée des calendriers , elle est l'uniaue sainte Filomena dans tout le monde entier.

Dans le cœur de tous ceux qui l'aiment son nom ne s'effacera jamais.

Après la très Sainte Vierge Marie Notre Reine, Sainte Filomena est notre

Princesse du Paradis.

Danielle Priscille Caserta

écrit le 17 novembre 2023

La plus grande Richesse

Il n'y a pas de plus grande richesse que de donner et recevoir

l'amour des autres.

Il nous remplit d'une joie infinie et nous apporte un tel bien-être

que nous désirons le faire connaître afin que tout être sur terre

ressente la joie et le bonheur.

Partageons ce doux trésor à tous ceux qui ont le cœur triste et

qui attendent secrètement ce sentiment qui changera leur vie.

Danielle Priscille Caserta
écrit le 15 juillet 2024

© Danielle Priscille Caserta, 2025
Édition : BoD · Books on Demand, 31 avenue Saint-Rémy,
57600 Forbach, bod@bod.fr
Impression : Libri Plureos GmbH, Friedensallee 273,
22763 Hamburg (Allemagne)
ISBN : 978-2-3225-1631-5
Dépôt légal : Janvier 2025